Valencia

lieben lernen

*Der perfekte Reiseführer für einen unvergessli-
chen Aufenthalt in Valencia inkl. Insider-Tipps,
Tipps zum Geldsparen und Packliste*

Anna-Lena Lauterbach

✈ INHALT

Das erwartet Sie in diesem Buch!   1

Valencia entdecken   4
Einführung und Anreisetipps   4

Geschichte und aktueller Konflikt   11
Geschichtliche Entwicklung 11
Sprachliche Varietäten 17
*Gesellschaftliche Konventionen und Eigenarten
19*

Zwischen Tradition und Moderne   21
Sehenswürdigkeiten   21
Must-see an einem Tag 37
Transportmittel   39

Schlemmen für jeden Geldbeutel   44
Essen 44

Valencia erleben   50
Veranstaltungen   51

Geheimtipps   67
Naturpark La Albufera 67
Tarragona   69
„Valencia, hat kein Ende!"   70

Das erwartet Sie in diesem Buch!

Lange Strände, warme Sonnenstrahlen und dazu ein herrliches Abendessen in einer kulturell geprägten Umgebung. Das könnte Ihnen gefallen? Dann lassen Sie sich vom Charme Valencias begeistern. Trotz der unmittelbaren Nähe zu Madrid und Barcelona steckt die Stadt nach wie vor eher in den touristischen Kinderschuhen. Die perfekte Gelegenheit für Sie, die wundervolle Stadt voller Gegensätze, Spektakel und Besonderheiten zu entdecken! Sie wollten schon immer die verwinkelten Gassen einer ehemals römischen Mittelmeerstadt erkunden, aber trotzdem nicht auf Moderne, Technik und Fortschritt verzichten? Willkommen in Valencia! Denn neben futuristischer Architektur und antiken Sehenswürdigkeiten bietet diese Stadt auch kulinarische Köstlichkeiten, kulturelle Veranstaltungen das ganze Jahr über, traditionsreiche Feste und Umzüge. Nicht selten werden diese Spektakel von Musik und Feuerwerk umrahmt. Dieses können Sie von malerischen Hafenvierteln, modernen Shopping-Malls oder von einem trockengelegten und in einen Park umgewandelten Flussbett aus bewundern. Wer mehr von dem Blick auf das Meer angelockt wird, für den ist die kilometerlange Strandpromenade, gesäumt von Boutiquen und Cafés, der richtige Ort.

Valencia ist eine Stadt voller Geschichte, die auf den kopfsteingepflasterten *Plazas* fast wieder lebendig zu werden scheint. Gleichzeitig kann man sich fühlen wie in einem Science-Fiction-Film. Diese Mischung können Sie sich nicht vorstellen? Dann lassen Sie sich beeindrucken von der Einzigartigkeit Valencias, die jeden in ihren Bann zieht.

Den ersten Schritt in diese Richtung haben Sie

bereits getan, denn Sie lesen gerade dieses Buch. Hier können Sie sich darüber informieren, was eigentlich eine *Horchata* ist oder warum die *Fallas* so berühmt sind. Nebenbei erhalten Sie echte Insidertipps und Hinweise, wie Sie Ihren Aufenthalt in Valencia noch einzigartiger gestalten können. Lassen Sie sich begeistern!

Valencia entdecken

EINFÜHRUNG UND ANREISETIPPS

Die Metropole Barcelona ist eine weit bekannte Touristenattraktion und wird Jahr für Jahr von vielen Menschen besichtigt. Die etwa 130 Kilometer entfernte Großstadt Valencia hingegen wird oft lediglich als „kleine Schwester Barcelonas" bezeichnet. Jedoch gibt es dafür eigentlich keinen Grund, denn trotz geringerer Bekanntheit steht sie Barcelona in nichts nach: malerische Gebäude mit langer Geschichte neben moderner Architektur, kulinarische und künstlerische Highlights, Entspannung in einem trockengelegten Flussbett, sportliche und kulturelle Erlebnisse und alles gesäumt von den weißen Stränden der *Costa Blanca*.

Mit etwa 800.000 Einwohnern ist Valencia, nach Madrid und Barcelona, die drittgrößte Stadt Spaniens. Gleichzeitig ist sie auch die Hauptstadt der gleichnamigen Provinz *Comunitat Valenciana* und grenzt an den Süden Kataloniens. Sie zeichnet sich neben den großartigen Sehenswürdigkeiten auch durch die zentrale Lage in Spanien und die freundlichen Bewohner*innen aus. Da ist es nicht verwunderlich, dass viele der Bewohner*innen der ungefähr 300 Kilometer entfernten Hauptstadt Madrid ihre freien Wochenenden und Ferien – besonders im Sommer - nutzen, um in Valencia und der Umgebung zu entspannen und die Sonne zu genießen. Das zeigt sich auch an den vielen Dauercamping-Stellplätzen auf Campingplätzen an der Küste. Jedoch kann man hier toll mit den Spaniern in Kontakt treten, was durch deren herzliche und offene Art ein großartiges Erlebnis ist.

Lernen Sie auch den unvergesslichen Charme der Stadt kennen, lernen Sie Valencia lieben und werden Sie im Herzen ein *Valenciano* – ein Bürger Valencias.

Valencia besteht aus sehr unterschiedlichen Stadtteilen, die man sehr gut zu Fuß oder auch mit dem Fahrrad erkunden kann. Ein weiterer Pluspunkt sind die abwechslungsreichen und unterhaltsamen Veranstaltungen, wie zum Beispiel das Stadtfest, Festumzüge anlässlich verschiedener Feiertage oder Straßenfeste, die über das ganze Jahr verteilt stattfinden.

Ursprünglich war Valencia vor allem wichtig als Handelshafen, doch heute entwickelt sie sich immer mehr zur Touristenmetropole. Grund dafür ist auch die wundervolle Strandpromenade, die zum Flanieren und Genießen von Kaffee, Cocktails oder traditionellen valencianischen Speisen einlädt.

Valencia liegt auf einer geographischen Breite mit der beliebten Insel Mallorca und bietet dadurch klimatisch viele Ähnlichkeiten. Die Stadt wird geprägt von einem ausgeprägten Mittelmeerklima. Das bedeutet, dass man im Winter mit Temperaturen von 18 - 25 °C tagsüber und minimal bis 4 °C nachts rechnen kann. Im Sommer hingegen schwanken die Temperaturen zwischen 20 - 25 °C nachts und Höchstwerten tagsüber von über 40 °C. Dadurch beträgt die Durchschnittstemperatur in Valencia 18,3 °C. Die Stadt lädt demnach ganzjährig zum Erkunden und Genießen ein. Dafür spricht neben den angenehmen Temperaturen auch die geringe Niederschlagsmenge, denn im Sommer bleibt es mehrere Monate (Juni, Juli, August) trocken. Mehr Regen (was in Valencia ca. fünf Tage im Monat bedeutet) ist nur im Frühjahr und Herbst zu erwarten. Die idealen Voraussetzungen für eine wundervolle Reise das ganze Jahr über!

Außerdem ist auch die Wassertemperatur des Mittelmeers vor der valencianischen Küste sehr angenehm: sie reicht von ca. 16 °C im Winter bis zu 27 °C im Sommer und noch ungefähr 22 °C im Herbst. Man kann dadurch in Valencia noch im Meer baden, wenn in Deutschland bereits der Herbst die Blätter von den Bäumen fegt.

Wirtschaftlich wird die *Comunitat Valenciana* durch den Hafen, die Automobilindustrie sowie Landwirtschaft gestützt. Zudem ist die Stadt geprägt durch ihre Universität, an der fast 80.000 Studentinnen und Studenten eingeschrieben sind, was das Stadtbild merklich prägt. Außerdem gibt es eine deutsche Schule, die neben den Einheimischen auch von vielen deutschen Einwanderern genutzt wird.

Der Schutzpatron Valencias ist der heilige Vinzenz Ferrer.

Partnerstädte Valencias sind unter anderem Mainz (Deutschland), Bologna (Italien), Veracruz (Mexiko) und Sacramento (USA).

Anreise

Die Anreise nach Valencia gestaltet sich durch den Flughafen der Stadt sehr angenehm. Außerdem ist aber auch eine bequeme Anreise von Alicante oder Barcelona mit dem Fernbus, Zug oder Auto möglich. Teilweise lohnt sich diese Option, da die Flüge direkt nach Valencia oftmals etwas teurer sind.

Dennoch ist der Flughafen von Valencia sehr gut angebunden, sowohl als wichtiger Verkehrsknotenpunkt für die Stadt, als auch für die Umgebung. Für die Anreise vom Flughafen zum Hotel kann man auf die Möglichkeit eines Mietwagens, Taxis oder Flughafen-Shuttles zurückgreifen. Wer Geld sparen möchte, kann aber auch die direkt angebundene S-Bahn oder einen der zahlreichen Linienbusse verwenden. Die S-Bahn-Linien 3 und 5 fahren ungefähr alle fünfzehn Minuten in die Innenstadt und benötigen etwa fünfzehn Minuten. Eine Alternative ist die Buslinie 150, die allerdings für die gleiche Strecke ungefähr 45 Minuten benötigt. Deshalb ist diese Möglichkeit eher zu empfehlen, wenn man eine

Unterkunft in einem der Vororte hat oder die Unterkunft in der Stadt direkt an einer Bushaltestelle liegt.

Leider gehört Valencia bisher nicht zu den beliebtesten touristischen Zielen der Deutschen, sodass die Stadt noch nicht mehrfach täglich von kleineren deutschen Flughäfen angeflogen wird. Deshalb auch der obige Hinweis auf Barcelona oder Alicante. Dennoch existieren bereits einige Verbindungen, z.B. mit der Lufthansa oder easyJet (vermehrt von der Schweiz aus). Von Großstädten aus findet man teilweise Direktflüge, sonst kann man auch bequem die Alternative mit Zwischenstopp in Palma de Mallorca nutzen.

Eine andere Möglichkeit, Valencia zu besichtigen, ist die Anreise mit dem Auto, Fernbus oder Zug. Hier lohnt es sich, Preise verschiedener deutscher sowie spanischer Anbieter zu vergleichen. Wer den langen Weg auf sich nimmt, wird mit wunderschönen Küstenstraßen, malerischen Dörfern und abwechslungsreichen Landschaften belohnt.

Da – im Gegensatz zu direkten Fernbus-Verbindungen - nicht immer direkte Zugverbindungen nach Valencia möglich sind, lohnt es sich, auch hier über einen Zwischenstopp in Barcelona oder

Alicante nachzudenken. Alternativ kann man einen Flug von Deutschland nach Barcelona oder Alicante mit einer Zugfahrt von dort nach Valencia verbinden.

Der Hauptbahnhof *Estación del Norte* liegt sehr zentral in Valencia und man kommt direkt in der Altstadt, im Stadtzentrum, an.

Zudem kann man Valencia auch per Kreuzfahrtschiff oder mit der Fähre, zum Beispiel von den Balearen aus, erreichen.

Geschichte und aktueller Konflikt

GESCHICHTLICHE ENTWICKLUNG

Valencia weist eine lange Geschichte auf: So wurde die Stadt bereits im Jahr 138 v. Chr. von einem römischen Konsul gegründet als eine der ersten in der römischen Kolonie gegründeten hispanischen Städte.

Doch erst später, etwa um 711 n. Chr., nahm die Stadt an Bedeutung zu und vergrößerte sich durch die arabische Besetzung. Jedoch eroberte etwa 400 Jahre später ein kastilischer Adliger die Stadt zwischendurch, bevor sie erneut - wie damals ganz Spanien - von den Arabern besetzt wurde. Erst Anfang des 13. Jahrhunderts zerfiel Spanien wieder in einzelne Königreiche unter spanischer Herrschaft, so auch Valencia. Anschließend wurde im 14. Jahrhundert das Stadtgebiet vergrößert und von einer neuen Stadtmauer umgeben, deren Türme man bis heute betrachten kann (siehe Kapitel drei). Im 15. Jahrhundert wuchs Valencia weiter und wurde eines der bedeutendsten Finanz- und Handelszentren durch den großen Mittelmeerhafen. Vor allem die Weberei von Seide und deren Handel waren entscheidend. Das führte zu Reichtum in der Stadt, sodass zahlreiche Paläste errichtet wurden. Eine weitere Einnahmequelle bot die Druckerei, denn in Valencia stand die erste Druckerpresse der iberischen Halbinsel.

Jedoch hielt dieser Reichtum nicht an. Das lag zum einen daran, dass Valencia nicht am Handel mit der neuen Welt im 18. Jahrhundert beteiligt war. Zum anderen stand Valencia im selben Jahrhundert auf der Gegenseite der Bourbonen im Spanischen Erbfolgekrieg, sodass die Stadt nach der Niederlage ihre Privilegien verlor und zu einer zentralisierten Monarchie wurde.

Im 19. Jahrhundert wurde Valencia nach einigen Schlachten schließlich von den französischen

Truppen Napoleons besiegt und besetzt. Nach Ende der Besetzung vergrößerte die Stadt sich erneut, Teile der Stadtmauern und mittelalterliche Gebäude wurden abgerissen, um mehr Platz zu schaffen. Dadurch entstanden die Viertel mit breiten Straßen (*Eixample, Extramurs*) und die Plätze *Plaza del Ayuntamiento* sowie *Plaza de la Reina*.

Im 20. Jahrhundert eroberte der Modernismo die valencianische Architektur, die man noch heute in bürgerlichen Wohnhäusern, der *Estación del Norte* und dem *Mercado Central* erkennen kann.

Im spanischen Bürgerkrieg im 20. Jahrhundert wurde Valencia von den Republikanern kontrolliert und darauffolgend im Jahr 1936 der Regierungssitz der Republik, da Madrid stark umkämpft war. Jedoch mussten die Republikaner die Stadt schließlich aufgeben und 1939 fiel Valencia als eine der letzten Städte nach starken Bombardements und wurde anschließend von Franco regiert. Nach dem Untergang der Franco-Diktatur fand eine Demokratisierung Spaniens statt, die bis heute anhält.

Doch auch das Stadtbild Valencias wurde im 20. Jahrhundert weiterentwickelt. So fand im Jahr 1957 ein extremes Hochwasser statt, das einige

Menschenleben forderte und weite Teile der Stadt zerstörte. Im Anschluss wurde die Forderung laut, den *Río Turia* aus der Stadt zu leiten. Dieses Vorhaben wurde schließlich in den 1970er Jahren als *Plan Sur* umgesetzt, indem das Flussbett trockengelegt und der *Río Turia* südlich an der Stadt vorbeigeleitet wurde. Ursprünglich wollte man aus dem trockenen Flussbett eine Stadtautobahn machen, jedoch wehrte sich die Bevölkerung dagegen. Aus diesem Grund wurde in den 1980er Jahren ein katalanischer Architekt stattdessen damit beauftragt, einen Park, den *Jardín del Turia*, aus dem Flussbett zu machen. Heute wird diese grüne Zunge, die sich durch die ganze Stadt zieht, als Park, Sport- und Freizeitanlage sowie Ort für Veranstaltungen und Fiestas genutzt.

Außerdem wurden auch weitere Teile der Stadt erneuert, wodurch Valencia als Touristenziel attraktiver wurde. Darunter fallen unter anderem der Bau von Museen und Veranstaltungsgebäuden (beispielsweise der *Palau de la Música* und der Kongresspalast), die Sanierung der Altstadt oder die Anlage eines modernen Yachthafens im alten Hafenbecken anlässlich der Segelregatten „*America`s Cup*" in den Jahren 2007 und 2010. Des Weiteren wurde von

1991 bis 2006 die postmoderne *Ciutat de les Arts i les Ciències* von einem valencianischen Architekten im *Jardín del Turia* gebaut, die heute das Stadtbild bedeutend prägt und zahlreiche Besucher anlockt. 2008 entstand in Valencia der *Valencia Street Circuit*, eine Formel-1-Strecke, die sowohl durch die Stadt als auch am Hafenbecken entlangführt.

Außerdem war Valencia in den 1980er und 1990er Jahren durch die *Ruta Destroy* die spanische Party-Hauptstadt. Es gab zahlreiche bekannte Diskotheken, Konzerte im Freien und Autopartys. Zudem war die Partymeile auch wegen des Drogenkonsums und der Freizügigkeit bekannt. Aus diesem Grund lehnten konservative Politiker sowie Medien die *Ruta Destroy* öffentlich ab. Schließlich nahm deren Bedeutung in den späten 1990er Jahren ab, viele der damaligen Diskotheken existieren jedoch heute noch.

Nicht zu ignorieren in der Geschichte Valencias ist auch der stetige Konflikt um die Zugehörigkeit zu Katalonien. Da man in Valencia neben Spanisch auch *Valenciano*, eine Variation des Katalanischen, spricht, wird Valencia oft in den Unabhängigkeits-konflikt zwischen Katalonien und Spanien miteinbezogen. Zudem liegt Valencia direkt an der südlichen Grenze Kataloniens und könnte somit Unterstützer der Nationalisten werden. Tatsächlich existiert katalonischer Nationalismus auch in Valencia, jedoch hat sich die *Comunitat*, besonders seit dem illegalen Unabhängigkeitsreferendum Kataloniens im Jahr 2015, verstärkt auf spanischen Patriotismus fokussiert. Dadurch profitiert Valencia als drittgrößte Stadt Spaniens inzwischen von dem Konflikt zwischen Barcelona und Madrid. Denn Valencia hält sich neutral, in der Stadt ist neben der valencianischen Flagge auch die spanische gehisst. Auch das *Valenciano* wird zwar weiterhin verwendet, jedoch ist es - anders als in Katalonien - keine Pflicht in Schulen oder dem öffentlichen Leben.

Stattdessen verkündet Valencia, dass sie wirtschaftlich große Ziele haben, die sie nur mit Hilfe der spanischen Regierung umsetzen können: Sie wollen Investitionen anziehen, die Arbeitslosigkeit reduzieren und nachhaltig wachsen. Durch diese Entwicklung hat schon jetzt die Bedeutung Valencias zugenommen. Denn sowohl der Hafen wird bereits für den Handel, vor dem Hafen Barcelonas, bevorzugt, als auch viele Touristen entscheiden sich für

Valencia statt Barcelona, da das Konfliktpotential Kataloniens Unsicherheiten birgt.

Somit ist kaum zu erwarten, dass sich Valencia für die Zugehörigkeit zu Katalonien entscheiden wird, sondern stattdessen weiterhin neutral in Spanien verbleibt.

SPRACHLICHE VARIETÄTEN

Da Valencia in Spanien liegt, spricht man selbstverständlich Kastilisch (in Deutschland besser bekannt unter der Bezeichnung Spanisch). Jedoch gibt es in der autonomen Region noch eine zweite offizielle Amtssprache: das *Valenciano*. Dies ist eine Varietät des Katalanischen, die stark an das Kastilische, Italienische und Französische angelehnt ist.

Dennoch variiert die Verbreitung der beiden Sprachen, anders als in Katalonien, wo man überall Katalanisch und Kastilisch spricht, in der autonomen Region Valencia. So ist das *Valenciano* eher an der Küste verbreitet, wohingegen man Kastilisch in den großen Städten wie Valencia und Alicante, im Landesinneren sowie im südlichen Teil der Region spricht. Insgesamt bevorzugen die Bewohner das

Kastilische gegenüber dem *Valenciano*. Das liegt daran, dass das *Valenciano* früher vermehrt als Sprache der ländlich lebenden Bauern und weniger der gebildeten Bevölkerung galt und somit bis heute eher verpönt ist.

Außerdem wurde die Verwendung des *Valenciano* während der Franco-Diktatur verboten, was jedoch die Sprache nicht aussterben lies, da die Bevölkerung sich nicht vom Gebrauch der katalanischen Varietät abhalten ließ. Nach der Diktatur, im Jahr 1982, wurde das *Valenciano* schließlich zur offiziellen zweiten Amtssprache der autonomen Region Valencia ernannt. Diese Entscheidung führte zu einem Aufschwung der Verwendung des *Valenciano*. Das liegt zum einen daran, dass die Bevölkerung diesen Beschluss nicht nur als Wertschätzung ihrer Sprache wahrnimmt, sondern ihn zum anderen auch als Rückbesinnung auf ihre ursprüngliche Identität sieht, die ihnen während der Diktatur genommen wurde. Aus diesem Grund ist für sie die Verwendung des *Valenciano* eine Demonstration ihres neuen Bewusstseins über Ursprung und Identität der autonomen Region Valencia.

Aktuell sprechen ungefähr zwei Millionen

Menschen *Valenciano*. Die hohe Zahl führt dazu, dass die Sprache auch wieder vermehrt in öffentlichen Räumen wie Schulen, Einrichtungen oder Medien verwendet wird. Beispielsweise gibt es inzwischen Fernsehsender, deren Programm komplett in *Valenciano* ist. Die Erziehung in der Schule findet bilingual statt.

GESELLSCHAFTLICHE KONVENTIONEN UND EIGENARTEN

Die Bevölkerung Valencias zeichnet sich durch die offenherzige und fröhliche spanische Mentalität aus, die bei dieser großartigen Umgebung nicht weiter verwunderlich ist. Die Menschen sind entspannt und lebensfroh und bieten daher das perfekte Ambiente für einen wundervollen Urlaub in Spanien.

Insgesamt bildet Valencia eine Einheit: Traditionen, Bräuche, Mentalität und Stadtbild bilden die Leichtigkeit des Seins ab, die man in dieser Stadt verspürt. Valencia ist voll mit kulturellem Reichtum und valencianischer Identität, die die Menschen dort zu schätzen und bewahren wissen.

Dennoch ist in der Metropole Valencia ein gewisser Verlust der ursprünglichen Traditionen festzustellen, der der Moderne und dem Fortschritt der Stadt geschuldet ist. Denn auch hier ist durch die wirtschaftliche Entwicklung ein neuer Rhythmus des Lebens angekommen, den wir in Deutschland bereits kennen und der die Menschen dazu führt, ihre Gewohnheiten zu verändern und anzupassen.

Zwischen Tradition und Moderne

SEHENSWÜRDIGKEITEN

Valencia hat viele sehr verschiedene Sehenswürdigkeiten und kann so jedem Geschmack etwas bieten.

Jardín del Turia

Wie bereits in Kapitel zwei erwähnt, durchzieht das trockengelegte Flussbett des *Río Turia* seit den 1980er Jahren das gesamte Stadtbild und ist somit eine Sehenswürdigkeit, die man nicht vermeiden kann. Doch der Park ist es wert, dass man ihn nicht

nur zufällig durchquert, um von einer Sehenswürdigkeit zur Nächsten zu gelangen, sondern es ist
durchaus empfehlenswert sich Zeit zu nehmen, um
bewusst durch den *Jardín del Turia* zu flanieren. So
bietet er dem Auge viele Anblicke: Wiesen, Bäume,
Brunnen jeglicher Formen, Statuen, Blumen, Park-
anlagen und vieles mehr. Für Sportler ist es der ide-
ale Ort zum Joggen, Walken oder auch für den Kraft-
sport, da es immer wieder Freilicht-Stationen mit
Trainingsgeräten gibt. Aus diesem Grund ist es nicht
verwunderlich, dass man sehr viele Einheimische im
Jardín del Turia beim Sport beobachten kann.

Auch für Kinder gibt es einige Spielplätze, besonders sehenswert ist der *Parc Gulliver*. Das ist ein
Abenteuerspielplatz voller Rutschen und Kletter-
möglichkeiten auf der Figur eines auf dem Rücken
liegenden Riesen, Gulliver, der dem Roman „Gulli-
vers Reisen" nach am Strand angespült und anschließend von Liliputanern an den Boden gefesselt
wurde. Die Figur ist etwa 70 Meter lang und bietet
so ausreichend Platz zum Toben und Spielen.

Zudem lohnt sich ein Spaziergang am Abend
durch den Park, da die Wasserflächen und Wege
wunderschön beleuchtet sind. Außerdem finden im

Jardín del Turia, vorzugsweise im Sommer, verschiedene Fiestas statt, wie zum Beispiel das große Volksfest im Oktober, auf dem es allerlei Speisen und Biere bei Livemusik zu genießen gibt.

Porta de Serrans

Direkt vom *Jardín del Turia* aus gelangt man zur *Porta de Serrans*. Das Stadttor wird umrahmt von den ehemaligen Türmen, den *Torres de Serranos*, der Stadtmauer aus dem 14. Jahrhundert, die bis heute sehr gut erhalten sind. Sie bilden eines der bekanntesten Wahrzeichen Valencias. Sie sind etwa 30 Meter hoch und direkt von einer Brücke aus zu erreichen, mit welcher man früher den *Río Turia* überqueren musste. Dadurch war die *Porta de Serrans* ursprünglich der Zugang zur Stadt, wenn man aus dem Nordwesten, beispielsweise aus Zaragoza oder Barcelona, nach Valencia kam. Zusammen mit den ähnlich beeindruckenden *Torres de Quart*, die etwas westlicher liegen, sind sie die einzigen Überbleibsel der ehemaligen Stadtmauer Valencias.

Ciutat de les Arts i les Ciències
(Kastilisch: *Ciudad de las Artes y las Ciencias*)

Folgt man dem *Jardín del Turia* weiter südlich, so erreicht man die *Ciutat de les Arts i les Ciències*. Übersetzt bedeutet das: Stadt der Künste und Wissenschaften. Die sogenannte Stadt ist ein großes Areal, das aus imposanten futuristischen Gebäuden, Wasserflächen und betonierten Freiflächen besteht. Sie wurde in den 1990er Jahren und Anfang der 2000er Jahre vom Architekten Santiago Calatrava entworfen, der in Valencia geboren wurde. Schon wenn man nur über das Gelände spaziert, fühlt man sich wie ein Besucher der Zukunft und staunt über die postmoderne Architektur. Aber die *Ciutat* hat noch mehr als nur den Blick von außen zu bieten. Denn im gesamten Komplex gibt es ein 3D-Kino, ein Wissenschaftsmuseum, ein Aquarium, eine Oper und ein Veranstaltungszentrum. Es lohnt sich also, das Programm zu lesen und sich für die ein oder andere Besichtigung zu entscheiden:

Das Museum *Museo de las Ciencias Principe Felipe* bietet ein wechselndes Programm von wissenschaftlichen Ausstellungen und Workshops an.

Das Aquarium *L´Oceanográfic* ist mit ungefähr

500 verschiedenen Meerestierarten eines der größten und beliebtesten Aquarien Europas. Zudem bietet es den Freiluftgarten *L'Umbracle*, der auch eine große Terrasse hat, von welcher man den tollen Ausblick auf die gesamte *Ciutat* genießt. Außerdem ist hier eine exklusive Diskothek vorhanden, in der man in futuristischem Ambiente und mit Blick über Valencia feiern kann.

Das 3D-Kino *L'Hemisfèric* ist schon von außen sehenswert, da es als Auge, das sich öffnen und schließen kann, konstruiert wurde.

Im Veranstaltungszentrum *L'Àgora* finden unter anderem Ausstellungen, Sportveranstaltungen und Konzerte statt.

Auffällig ist außerdem die Schrägseilbrücke *El Puente de l'Assut de l'Or*. Die Pfeiler der Brücke bilden mit etwa 125 Metern den höchsten Punkt der Stadt.

Neben Einzeltickets ab sechs Euro, sind auch Kombi-Tickets zum Beispiel für das Museum, das Aquarium und das Kino für ungefähr 30 Euro erhältlich. Die gesamte Anlage hat meistens von zehn bis vierundzwanzig Uhr geöffnet.

Zusätzlich lohnt sich auch ein Besuch des

eleganten Musikpalasts und Opernhauses *Palau de les Arts Reina Sofía*, das der Königin Spaniens gewidmet ist. Das Gebäude beinhaltet vier verschiedene Säle und erstreckt sich über eine Fläche von knapp 40.000 m². Das Programm variiert zwischen Oper, Konzert, Ballett und Theater. Der größte Hauptsaal bietet Platz für 1800 Menschen und ist mit moderner Technik ausgestattet. Doch auch ohne den Besuch einer Veranstaltung ist eine Besichtigung schon lohnenswert, da die Architektur eindrucksvoll ist: Neben glitzernden Wasserspielen gibt es auch mediterrane Gärten oder symmetrische Korridore im Gebäude. Wenn man eine Führung bucht, erhält man zusätzlich sogar eine dreißigminütige Operndarbietung zu Beginn der Führung. Die Oper hat wie die *Ciutat* von zehn bis vierundzwanzig Uhr geöffnet.

Lonja de la Seda

Eine weitere Sehenswürdigkeit Valencias ist die Seidenbörse *Lonja de la Seda* aus dem 15. Jahrhundert. Damals verhalf der Handel mit Seide Valencia zu weitem Ansehen und Reichtum und verschaffte dem Hafen internationale Handelsbedeutung. Heute gilt das Gebäude als eines der bedeutendsten gotischen Gebäude Europas und ist sehr sehenswert. Es ist etwa 2.000 m² groß und gehört seit 1996 zum UNE-SCO Weltkulturerbe. Das gesamte Areal setzt sich zusammen aus einem Innenhof voller Orangenbäume, einem Säulensaal, dem bekannten Raum *Consulado del Mar* und vier Türmen. Besonders beeindruckend sind die steinernen Wasserspeier, die spitzen Tor- und Fensterbögen und die Kuppeldecken. Eine weitere Besonderheit ist eine steinerne Wendeltreppe, die keine zentrale Achse hat. Die *Lonja de la Seda* kann man von Montag bis Samstag täglich von neun bis neunzehn Uhr besichtigen, sonntags nur bis fünfzehn Uhr, allerdings ist an diesem Tag der Eintritt frei.

Kathedrale von Valencia

Im 13. Jahrhundert wurde auf den Grundmauern einer Moschee die heute weit bekannte Kathedrale von Valencia erbaut. Heute befindet sie sich auf der *Plaza de la Reina*. Da sie im Laufe der Jahrhunderte immer wieder umgestaltet wurde, sind heute diverse romanische, barocke und gotische Elemente zu entdecken: So weist die Kathedrale zwei Portale aus dem 14. Jahrhundert, die *Puerta de los Apóstoles* und die *Puerta del Palau*, sowie das Portal *Puerta Barroca* mit romanischen Einflüssen auf. Außerdem existiert aus dem 14. Jahrhundert noch ein gotischer Turm, der *Torre del Miguelete*, der inzwischen als ein Wahrzeichen Valencias gilt. Er kann er auch bestiegen werden. Oben angekommen wird man mit einem großartigen Blick über Valencias Altstadt belohnt.

Innerhalb der Kathedrale kann man eine Reliquie aus dem ersten Jahrhundert vor Christus betrachten: Einen Kelch aus Achat, der in Verbindung mit dem Heiligen Gral gesehen und vom Vatikan anerkannt wird.

Die Kathedrale ist täglich von zehn bis achtzehn Uhr, sonntags von vierzehn bis achtzehn Uhr geöffnet.

Mercado Central

Wer Valencia erkundet, darf sich einen Besuch des *Mercado Central* nicht entgehen lassen. Bereits von außen ist die Markthalle, die aus der Zeit des Modernismo stammt, sehr sehenswert. Denn das Dach hat Metallpfeiler und eine große Kuppel, die von farbenfrohen Mosaiken und Bleiglasfenstern umrahmt wird. Doch besonders locken die vielen Stände im Inneren der Markthalle, die eine Vielfalt an spanischen Produkten bieten: Neben frischem Fisch, Obst und

Gemüse kann man sich auch an Käse, Schinken, Kräutern, Wein, Oliven und vielem mehr erfreuen. Vor allem Einheimische nutzen diesen Markt, um frische Zutaten zu erwerben, doch auch als Tourist ist es ein wahrer Genuss. Wer sich die Zutaten jedoch nicht selbst zubereiten kann oder möchte, kann eines der vielen umliegenden Restaurants besuchen. Denn auch dort kann man Schinken, Sangria, Churros und Paella schlemmen.

Der Markt findet täglich, außer sonntags, von sieben bis fünfzehn Uhr statt. Dabei ist jedoch klar, dass die Zutaten morgens noch frisch sind, wohingegen mittags vieles schon lange in der Wärme liegt, oder - wie Fisch - nicht mehr verfügbar ist.

Plazas

Valencia bietet auch bei einem einfachen Spaziergang durch die Stadt viel zu entdecken. Dabei sind besonders die verschiedenen *Plazas*, die spanische Bezeichnung für große öffentliche Plätze, zu erwähnen.

Eine der meistbesuchten *Plazas* ist die *Plaza del Ayuntamiento*, übersetzt der Platz des Rathauses. Aus diesem Grund findet man am Rand der *Plaza* das Rathaus und das Hauptpostamt, sowie einen

Springbrunnen in der Mitte des Platzes. Insgesamt geht es dort sehr geschäftig zu, es gibt viele Antikläden, Luxusboutiquen, Blumenhändler, Modeketten, Kaufhäuser und wunderschöne Bauwerke. Das lädt zum Bummeln und Einkaufen ein und besticht zudem durch die Nähe zum Hauptbahnhof *Estación del Norte*, der nur ungefähr fünf Minuten entfernt liegt. Außerdem wird die *Plaza del Ayuntamiento* für Stadtfeste wie die *Fallas* (siehe Kapitel fünf) oder für die Aufführung von Krippenspielen verwendet.

Eine weitere Sehenswürdigkeit ist die bereits oben erwähnte *Plaza de la Reina*, an der die Kathedrale von Valencia liegt.

Altstadt

Die Altstadt, die *Ciutat Vella*, ist eines der sehenswertesten Viertel Valencias. Denn verwinkelte schmale Gassen, malerische *Plazas* und gotische Gebäude laden zum Träumen und Flanieren ein. An jeder Ecke gibt es etwas zu entdecken: kleine Läden und Bäckereien, Straßenmusiker, Kirchen, besondere Häuser und Plätze. Außerdem befinden sich in der Altstadt viele Sehenswürdigkeiten, wie die oben erwähnte Kathedrale, die *Plaza del Ayuntamiento* und *Plaza de la Reina*, die Seidenbörse, der *Mercado*

Central sowie die Stierkampfarena und ein Bahnhof im Jugendstil. Eingerahmt wird die Altstadt im Norden und Osten vom *Jardín del Turia*.

Zudem befindet sich das *Barrio del Carmen*, ein besonderes Stadtviertel, in der Altstadt. Dort kann man im Ambiente der *Ciutat Vella* moderne Wandgemälde und Urban Art bewundern oder die Sonne in kleinen Cafés und Bars genießen.

Hafen

Auch der Hafen, der *Puerto de Valencia,* ist immer einen Besuch wert. Einst war der Hafen Valencias einer der bedeutendsten Mittelmeerhäfen Spaniens, was besonders dem Seidenhandel geschuldet war. Im Laufe der Jahrhunderte hat sich der Handel eher nach Barcelona verlagert, jedoch erlebt Valencia gerade einen neuen Aufschwung durch die Konflikte zwischen Madrid und Barcelona um die angestrebte Unabhängigkeit Kataloniens.

Das gesamte Hafengelände ist etwa sieben Quadratkilometer groß und gliedert sich in verschiedene Bereiche: So gibt es die *Marina Real de Juan Carlos I*, einen Hafen für Privatjachten, der im Rahmen des „*America´s Cups*" gestaltet wurde. Etwas südlicher liegt die *Moll de Ponent*, die hauptsächlich für Personenschiffe wie Kreuzfahrtschiffe, Fähren und Rundfahrten genutzt wird. Außerdem gibt es im Osten drei weitere Hafenbecken, die für Handel und Containerumschlag verwendet werden. Daran anschließend liegt *El Grau*, der große Lagerbereich, der zum Hafen gehört.

Universität

Die *Universitat de València* prägt das Stadtbild Valencias maßgebend. Denn mit knapp 80.000 Studenten ist es eine große Universität, die auch in der Stadt, die etwa 800.000 Einwohner hat, auffällt.

Bereits im Jahr 1245 wurde die Universität gegründet, mit dem Bau des bis heute existierenden Universitätsgebäudes wurde jedoch erst im 15. Jahrhundert begonnen. Einige dieser Gebäude, darunter vor allem die Universitätsbibliothek, wurden Anfang des 19. Jahrhunderts durch Napoleons Bombardierung massiv zerstört, jedoch Ende des Jahrhunderts wiederaufgebaut. Besonders sehenswert ist heute die Universitätskapelle *Mare de Déu de la Sapiència chapel*, die im 15. Jahrhundert errichtet und im 18. Jahrhundert rekonstruiert wurde. Sie ist im Barockstil gestaltet und wird von zahlreichen Wandgemälden geziert.

Das Universitätsgelände besteht heute aus drei Bereichen: *Campus Tarongers* (Sozial- und Rechtswissenschaften), *Campus Blasco Ibáñez* (Human-, Gesundheits- und Erziehungswissenschaften) und *Campus Burjassot-Paterna* (Natur- und Ingenieurwissenschaften).

Strände und Strandpromenade
Ein weiteres Highlight Valencias sind die Strände und die Strandpromenade. Valencia besitzt drei wunderschöne Strände: die *Playa de la Patacona*, die *Playa de las Arenas* und die *Playa de la Malvarrosa*, die wohl am bekanntesten sind. Denn diese Strände erstrecken sich über einen weiten Teil der valencianischen Küste, sind mit den öffentlichen Verkehrsmitteln gut von der Innenstadt aus erreichbar und laden durch ihre weitläufigen Strände mit hellem Sand zum Schwimmen, Sonnenbaden oder die Kinder zum Spielen ein. Außerdem führt die Strandpromenade, der *Paseo Marítimo*, die in den 1980er Jahren errichtet wurde, direkt an der *Playa de la Malvarrosa* entlang und besticht mit herrlichen Palmen und zahlreichen in Form geschnittenen Zierpflanzen, facettenreichen Restaurants und Cafés sowie zahlreichen Läden und Kiosken. Viele Lokale haben

eine Außenterrasse, sodass man mit wunderschönem Blick auf das Meer speisen kann. Außerdem schließt die Promenade im Süden an die *Playa de las Arenas* und den Hafen an.

Die insgesamt etwa 50.000 Quadratmeter große Grünfläche ist einer der am meisten frequentierten Bereiche der Stadt. Viele Menschen nutzen die Promenade für Spaziergänge, zum Fahrrad fahren oder um direkt zum Strand zu gelangen.

Biopark

Im Westen Valencias befindet sich eine weitere große Grünfläche: der *Parque de Cabecera* oder auch *Bioparc Valencia*. Dies ist ein moderner Zoo, der seine Besucher in die Savanne und die feuchten Waldgebiete Afrikas entführt: Neben Leoparden und Löwen kann man hier auch Giraffen, Nilpferde, Strauße, Nashörner, Hyänen, Stachelschweine und viele weitere afrikanische Tiere entdecken. Dabei gewinnt man authentische Eindrücke, denn die Einzäunungen des *Bioparcs* sind wenig sichtbar, sodass sich die Tiere auf der Grünfläche von fast 100.000 Quadratmetern frei bewegen können. Das führt dazu, dass man entlang des Weges jederzeit neue und beeindruckende Geschehen beobachten kann.

Der authentische Eindruck wird durch die typisch afrikanische Flora unterstützt, die die Fauna durch ein faszinierendes Setting untermalt.

Der *Bioparc* ist im Sommer täglich von zehn bis einundzwanzig Uhr geöffnet, im Winter von zehn bis achtzehn Uhr. Tickets erhält man direkt vor Ort oder online zuhause, dann müssen sie allerdings ausgedruckt mitgebracht werden.

Sport

Nicht zu vergessen sei die Bedeutung des Sports in Valencia. Denn durch die weitläufige Küste und das angenehme mediterrane Klima bildet die Stadt die perfekten Voraussetzungen für Wassersport wie Surfen oder Segeln. So fand in den Jahren 2007 und 2010 sogar die Segel-Regatta *„America's Cup"* in Valencia statt.

Zusätzlich bietet die Innenstadt selbst, viele Möglichkeiten Sport zu treiben, wie zum Beispiel der *Jardín del Turia*, der durch diverse Wege und Sportanlagen im Freien anlockt und motiviert. Auch die Strandpromenade eignet sich bestens zum Laufen oder Fahrrad fahren.

Das Fußballstadion *Mestalla* befindet sich mitten in der Stadt. Der erfolgreichste Verein, der FC

Valencia, konnte bereits sechsmal die *Primera División*, die höchste spanische Liga, gewinnen. Inzwischen kämpft der Verein leider mit den Auswirkungen der Wirtschaftskrise, wodurch auch der Bau des neuen Stadions immer weiter verzögert wird.

Außerdem liegt die bereits erwähnte Formel-1-Strecke, der *Valencia Street Circuit*, direkt am Hafen der Stadt. Hier fand von 2008 bis 2012 der jährliche *Große Preis von Europa* statt.

Zudem gibt es in Valencia Football- und Basketball-Mannschaften, die bereits europäische Erfolge verzeichnen konnten. Auch internationale Turniere, zum Beispiel im Tennis und im Springreiten, fanden bereits in der *Ciutat de las Arts i les Ciencies* statt. Des Weiteren veranstaltet die Stadt Valencia immer wieder Volksläufe, die *Volta a Peu*, sowie im Herbst einen jährlichen Halbmarathon, einen Marathon und einen Triathlon.

MUST-SEE AN EINEM TAG

Valencia ist definitiv eine sehenswerte Stadt, für die man sich gut und gerne bis zu einer Woche Zeit nehmen kann. Trotzdem hat selbstverständlich nicht jeder Reisende so viel Zeit. Deshalb folgt anschließend eine kurze Zusammenstellung der absoluten Mustsee in Valencia, die man auch an einem Tag schaffen kann.

Zu empfehlen ist es, an der *Porta de Serrans*, dem alten Stadttor Valencias, zu starten. Von hier aus kann man bequem zu Fuß in die Altstadt, die *Ciutat Vella*, gelangen und auf dem Weg Richtung Süden die Kathedrale von Valencia auf der *Plaza de la Reina* besichtigen. Von dort gelangt man zum *Mercado Central* und der *Lonja de la Seda*. Anschließend geht man weiter bis zum Hauptbahnhof, der *Estación del Norte*. Von dort aus wendet man sich nach Osten und folgt den parallelen Straßen bis man an den *Jardín del Turia* gelangt. Wendet man sich hier erneut nach Süden, so kann man eine Weile den Park in dem trockenen Flussbett genießen und kommt sogar am *Parc Gulliver* vorbei. Empfehlenswert ist es, dem Park weiter zu folgen, bis man zur *Ciutat de les Arts i les Ciències* gelangt. Hier kann man gerne etwas

Zeit zum Staunen einplanen, jedoch ist der Eintritt zu einer der Attraktionen an nur einem Tag nur dann empfehlenswert, wenn man bereit ist, dafür auf andere Sehenswürdigkeiten zu verzichten.

Ansonsten geht man von dort aus Richtung Osten auf den Hafen zu. Dabei durchquert man ein Viertel mit vielen Einkaufszentren, die zum Essen, Bummeln oder Erholen einladen. Vom Hafen aus wendet man sich schließlich nach Norden und erhält so die Möglichkeit, auf der Strandpromenade *Paseo Marítimo* zu flanieren, den Blick auf das Meer zu genießen, am Strand *Playa de la Malvarrosa* Sonne zu tanken oder baden zu gehen oder in einem der Cafés das mediterrane Klima auf sich wirken zu lassen.

Wer nicht den ganzen Weg zu Fuß zurücklegen möchte, hat auch die Möglichkeit auf Leihfahrräder oder öffentliche Verkehrsmittel zurückzugreifen. Mehr dazu im nachfolgenden Kapitel.

TRANSPORTMITTEL

Obwohl Valencia die drittgrößte Stadt Spaniens ist, kann man das Zentrum mit all seinen Sehenswürdigkeiten gut zu Fuß erkunden. Lediglich die Strände und der Hafen liegen etwas entfernt. Da der Tourismus in Valencia aber stetig steigt, arbeitet die Stadt inzwischen daran, das Netz aus öffentlichen Verkehrsmitteln auszubauen und besucherfreundlicher zu gestalten. Außerdem gibt es für Besucher tolle Angebote, um die Stadt besichtigen zu können, wie zum Beispiel die *Valencia Tourist Card.* Dabei kann man wählen, ob man die Karte für 24, 48 oder 72 Stunden erwerben möchte.

Mit etwas mehr als zwanzig Euro ist die 72-Stunden-Karte im Verhältnis am günstigsten, doch auch die beiden anderen Touristen-Karten lohnen sich. Denn mit der Karte kann man innerhalb der Stadt alle öffentlichen Verkehrsmittel, d.h. alle Bus- und Metrolinien, benutzen. Hinzu kommt der große Vorteil, dass man in vielen Sehenswürdigkeiten wie Museen oder auch in Läden und Restaurants mit der Karte Rabatte erhält. Zusätzlich fahren in Valencia alle Kinder unter fünf Jahren kostenlos mit den öffentlichen Verkehrsmitteln und haben kostenlosen

Eintritt in alle Sehenswürdigkeiten. Für Familien mit älteren Kindern gibt es sonst auch die Möglichkeit, eine *Family Card* zu erwerben.

Eine Alternative, um Valencia zu erkunden, ist das Leihen eines Fahrrads. Damit kommt man bequem und doch etwas schneller als zu Fuß durch die Stadt und kann gleichzeitig das Ambiente der Stadt direkt auf sich wirken lassen. Da immer mehr Menschen, auch Einheimische oder Austauschstudenten, auf diese Möglichkeit zurückgreifen, gibt es inzwischen bereits einige Stationen, an denen man Fahrräder ausleihen kann. Eine davon befindet sich ganz zentral an der *Plaza del Ayuntamiento*. Um diese Fahrräder nutzen zu können, muss man sich über eine App registrieren. Auch die Bezahlung findet anschließend darüber statt. Der Vorteil dabei ist, dass man an allen Stationen in der ganzen Stadt mit Hilfe der App zu jeder Zeit Fahrräder ausleihen und sie ganz einfach an einer anderen Station wieder abgeben kann. Das Leihen von Fahrrädern ist dadurch eine unkomplizierte und flexible Möglichkeit, in Valencia mobil zu sein.

Wer dennoch gerne auf die klassischen Verkehrsmittel zurückgreifen möchte, kann zwischen dem Bus und der Metro wählen. Jedoch ist zu erwähnen, dass das Metronetz in Valencia noch sehr jung und somit relativ wenig ausgebaut ist.

Die Hauptaufgabe der in den 1980er Jahren entstandenen neun Metrolinien ist daher weniger der Transport im Stadtzentrum, sondern vielmehr sind sie dazu gedacht, schnell aus den Vororten in die Innenstadt Valencias zu gelangen. Das ist ein großer Vorteil insofern, dass man auch eine etwas günstigere Unterkunft außerhalb mieten und trotzdem schnell mit der Metro in die Stadt gelangen kann. Außerdem lohnt sich das Fahren mit der Metro, um günstig vom Flughafen in die Stadt oder auch von der Stadt an den Hafen gelangen zu können. Alle Metrolinien beginnen vom Kopfbahnhof der *Estación del Norte* aus. Sie fahren werktags von vier Uhr morgens bis halb zwölf nachts, am Wochenende von fünf Uhr morgens bis halb eins nachts.

Die Alternative zur Metro ist das Bussystem in Valencia. Bisher dominieren sie im öffentlichen Nahverkehr der Stadt, da sie mehr Ziele in der Innenstadt erreichen als die Metrolinien. Insgesamt gibt es in Valencia vierzig verschiedene Buslinien, wodurch die roten Busse in der ganzen Stadt zu sehen sind.

Doch auch hier liegt das Hauptaugenmerk bei dem Transport vom Zentrum in die Vororte. Deshalb ist das Busnetz sternförmig aufgebaut. Zusätzlich dazu gibt es inzwischen aber auch drei ringförmige Linien, die für Besucher besonders interessant sind. Zu beachten ist dabei vor allem die Buslinie fünf, da sie die Altstadt umkreist und so an vielen Stellen gut erreicht werden kann. Allerdings sollte man in Valencia daran denken, dass man nach dem Umsteigen eine neue Fahrkarte lösen muss. Die Preise sind dafür sehr human oder man entscheidet sich direkt für die günstigere Variante einer Zehner- oder der Touristenkarte.

Eine weitere Möglichkeit ist die klassische Nutzung eines Taxis, da es relativ günstig ist und Taxis überall in der Stadt verfügbar sind. Des Weiteren kann man sich auch für touristische Alternativen entscheiden. So verfügt Valencia über Doppelstockbusse, mit denen man eine Stadtrundfahrt buchen kann. Die Buchung der Touren ist täglich zwischen zehn und einundzwanzig Uhr möglich. Ein Vorteil dieser Busse ist, dass das erworbene Ticket für vierundzwanzig Stunden gültig ist, sodass man beliebig an Haltestellen aussteigen, einen Teil zu Fuß erkunden und an einer anderen Haltestelle erneut einsteigen kann. Außerdem gibt es auch Anbieter in Valencia, die Erkundungen der Stadt per Kutsche oder zu Fuß mit einer Stadtführung und vieles andere mehr anbieten.

Schlemmen für jeden Geldbeutel

ESSEN

Paella

Das bekannteste und typischste Gericht Valencias kennt man auch hier in Deutschland: die Paella. Diese kulinarische Spezialität ist kennzeichnend für die valencianische Küche, die sich überwiegend aus Reis, Fisch, Fleisch und Gemüse zusammensetzt.

Die traditionelle Paella besteht aus Reis, der in einer flachen Pfanne, der *Paellera*, über offenem Feuer zubereitet wird. Anschließend werden je nach Art der Paella Meeresfrüchte (*Paella marinera*), Gemüse (*Paella de verduras*) oder typisch für die

Region Huhn, Kaninchen und Bohnen (*Paella valenciana*) hinzugefügt. Dabei verwenden die Spanier lediglich lokale Zutaten: Die spezielle Reissorte Bomba wird südlich von Valencia im Naturpark *La Albufera* angebaut, der Fisch und die Meeresfrüchte stammen frisch aus dem Mittelmeer, die Tiere werden in der Region gehalten und es werden Gemüsesorten verwendet, die lokal angebaut werden. Inzwischen ist die Paella in ganz Spanien weit verbreitet, sodass es bereits lokale Variationen davon gibt, abhängig von den lokalen Reissorten oder Gemüsearten.

Auch in Valencia selbst gibt es Abwandlungen der klassischen Paella, zum Beispiel die *Fideuà*, eine Variation aus Nudeln, Fisch und Meeresfrüchten. Andere regionale Gerichte aus Reis (Spanisch: *arroz*) sind der *Arroz negro* (Schwarzer Reis) oder der *Arroz al Horno* (Reis aus dem Ofen).

Horchata und Fartóns

Eine weitere kulinarische Spezialität Valencias ist die *Horchata*. Das ist ein weißes milchiges Getränk, das hauptsächlich aus Erdmandeln besteht. Auch diese werden regional im Norden der *Comunitat Valenciana* angebaut. Bei der Herstellung werden die

Erdmandeln mehrfach gepresst und anschließend durch den Zusatz von Zucker und Wasser zu einem leckeren Erfrischungsgetränk verarbeitet, das inzwischen in ganz Spanien bekannt und beliebt ist. Meistens wird die *Horchata* aus dem Erdmandel-Extrakt in den Cafés frisch hergestellt, da sie schnell verdirbt und eisgekühlt am besten schmeckt. Außerdem gibt es *Horchata* auch an mobilen Ständen auf der Straße oder im Supermarkt zu kaufen.

Zur *Horchata* werden typischerweise *Fartóns* gereicht. Das sind längliche Hefegebäcke, die warm gegessen und in die *Horchata* getunkt werden. Das Gebäck wurde in den 1960er Jahren in einer kleinen Bäckerei in der *Comunitat Valenciana* erfunden.

Zitrusfrüchte

Weiterhin ist Valencia bekannt als eine Region der Zitrusfrüchte. So findet man oft Orangen- oder Zitronenfelder am Straßenrand und einige kulinarische Spezialitäten der Region bestehend aus den Früchten.

Ein Beispiel ist das *Agua de Valencia*. Das ist ein Mischgetränk aus frischem Orangensaft, Orangenschnaps und spanischem *Cava* (Sekt).

Außerdem gibt es das typische *Leche*

Merengada, ein Sorbet aus *merengue* (Baiser) und Milch, welchem Zimt und Zitronenschalen hinzugefügt werden. Die *Valencianos* fügen einer Kugel *Leche Merengada* gerne noch etwas Kaffee Sorbet hinzu und nennen es dann *Blanco y Negro*, was übersetzt „Weiß und Schwarz" bedeutet.

Die Spezialitäten Tapas und Gazpacho, die man in Deutschland gerne mit Spanien verbindet, sind für die Region Valencia nicht typisch. Man konsumiert sie vermehrt im heißen Andalusien oder weiter im Landesinneren.

Schlafen

Valencia bietet vielfältige Möglichkeiten zu übernachten, wodurch für jeden Geldbeutel die passende Alternative vorhanden ist.

Wer es etwas luxuriöser möchte, kann auf eines der Sterne-Hotels zurückgreifen, die man direkt am Hafen, an der Strandpromenade oder entlang des *Jardín del Turia* findet.

Eine günstigere Alternative sind Hotels ohne oder mit wenigen Sternen oder B&Bs, die man in der ganzen Stadt verteilt findet. Oft bieten moderne Unterkünfte zur Neueröffnung tolle Angebote an.

Zudem kann man auch bei Airbnb auf privat

vermietete Ferienwohnungen zurückgreifen. Dabei variieren die Angebote von ganzen Wohnungen bis hin zu kleinen Schlafzimmern in der Wohnung des Gastgebers. Der Vorteil dabei ist, dass die Wohnungen oft sehr zentral gelegen sind. Man muss sich aber darüber bewusst sein, dass man bei Privatpersonen mietet und so nicht die Standards eines Hotels erwarten kann. Außerdem ist es durchaus nicht unüblich, sich die Wohnung mit dem Gastgeber oder anderen Gästen, wie in einer Art WG, zu teilen.

Speziell für junge Menschen unter dreißig sind auch Hostels eine günstige Möglichkeit in Valencia zu übernachten. Hierbei sind vor allem die Mehrbettzimmer meistens sehr billig und trotzdem oft zentral in der Innenstadt gelegen.

Eine weitere Alternative ist das Camping. Im Umkreis von Valencia befinden sich einige Campingplätze, sowohl im Norden und im Süden an der Küste als auch weiter im Landesinneren. Die Stellplätze sind oftmals sehr günstig und gut ausgestattet mit Strom, Badezimmern und Pool. Jedoch sollte man sich darüber bewusst sein, dass die Campingplätze in der Umgebung von Valencia vorwiegend als Ausgangspunkte für Erkundungen der Stadt oder als

Zwischenstopp auf einer Rundreise durch Spanien genutzt werden. Dadurch sind sie oft eher praktisch als wirklich gemütlich gestaltet. Aber die Camping-plätze sind gut mit den öffentlichen Verkehrsmitteln an die Innenstadt angebunden.

Valencia erleben

Nicht nur die Stadt an sich ist beeindruckend, sondern in Valencia kann man das ganze Jahr über immer wieder faszinierende Feste, Traditionen und Veranstaltungen erleben. Im Anschluss sind einige der sehenswertesten Erlebnisse zusammengestellt.

VERANSTALTUNGEN

Las Fallas

Die *Fallas* sind wohl die bekannteste Tradition Valencias und sorgen mit beeindruckenden Bildern des Spektakels immer wieder auch für internationale Aufmerksamkeit. Denn jedes Jahr verwandelt sich die gesamte Stadt im März in ein riesiges Freilichtmuseum voller Spezialeffekte. In der Zeit vom fünfzehnten bis zum neunzehnten März erreicht diese Veranstaltung ihren Höhepunkt.

Ursprung der *Fallas* ist - wie oftmals in Spanien - die Ehrung eines Heiligen. Hier geht es dabei um den Heiligen Josef, der der Schutzheilige der Zimmerer ist. Die Tradition begann durch einen Brauch der Zimmerer, die am neunzehnten März nachts vor ihren Werkstätten zum Frühlingsbeginn die *Parots*, die Holzstücke, auf denen im Winter ihre Öllampen standen, verbrannten. Im Laufe der Zeit wurden diese Feuer im größer, da die Menschen in dem reinigenden Feuer auch alte Lumpen und anderen Plunder verbrannten, sodass die Feuer sich in den Augen der Leute vermenschlichten. Deshalb nannten sie sie schließlich *Ninots* und begannen richtige Figuren daraus zu bauen. Durch den Humor der

Valencianos bekamen diese *Ninots* schnell einen satirischen und kritischen Unterton, der sich bis heute weiter verfestigt und inzwischen Hauptaugenmerk der Figuren ist.

Inzwischen sind die *Fallas* nicht mehr eine reine Tradition der Zimmerer, sondern die einzelnen Stadtviertel Valencias organisieren sich in sogenannten *Comisiones Falleras*. Das sind kleine Ortsgruppen, deren Mitglieder, die *Falleras* und *Falleros*, gemeinsam eine *Falla* aus mehreren *Ninots* bauen. Dazu verwenden sie Holz, Pappe und Styropor. Die Figuren sind inzwischen vergängliche Kunstwerke, in die einige *Comisiones Falleras* aber dennoch sehr viel Geld investieren. Die *Fallas* sind bis zu dreißig Meter hoch und sprechen aktuelle Themen aus Politik oder Gesellschaft an. Im März werden die Figuren von den *Comisiones Falleras* in ihren jeweiligen Stadtvierteln gebaut und schließlich präsentiert, wodurch sich Valencia in eine Art Freilichtmuseum verwandelt. Denn überall gibt es beeindruckende bunte riesige Figuren zu bewundern, was sehr viele Besucher aus Spanien und der ganzen Welt anlockt.

In der *Semana fallera*, der Woche der *Fallas* vom fünfzehnten bis zum neunzehnten März, wird diese

Ausstellung der Figuren durch Umzüge in den Stadtvierteln, bei denen die *Falleros* und *Falleras* die traditionellen Trachten tragen, Feuerwerke, Musik und Paella-Essen auf der Straße ergänzt. Dabei gibt es außerdem spezielle Ereignisse, die zu bestimmten Zeitpunkten stattfinden:

Ab dem ersten März findet täglich um vierzehn Uhr auf der *Plaza del Ayuntamiento* eine sogenannte *Mascletà* statt. Das ist ein Feuerwerk, das aus Knallkörpern voller Schießpulver besteht, die in einer ohrenbetäubenden Lautstärke von bis zu 120 Dezibel explodieren. Im März werden diese Knallkörper täglich in einer bestimmten Komposition gezündet, nachdem die *Fallera Mayor* sagt: *„Senyor pirótecnic pot començar la mascletà."* (übersetzt so viel wie: Herr Feuerwerkmeister, Sie können die Knallkörpershow beginnen.).

Ein weiteres Highlight ist die *Plantà,* die in der Nacht des fünfzehnten März stattfindet. Dabei stellen die *Comisiones Falleras* ihre *Fallas* in den Straßen ihrer Stadtviertel auf, damit sie ab dem nächsten Morgen bewundert werden können. Denn dabei werden sie auch bewertet und in verschiedene Kategorien eingeteilt. Am siebzehnten März findet schließlich die Preisverleihung statt, für die die *Comisiones Falleras* in einem Umzug zur *Plaza del Ayuntamiento* ziehen.

Außerdem finden am siebzehnten und achtzehnten März Blumengaben, *ofrendas*, zu Ehren der Heiligen Jungfrau *Virgen de los Desamparados* statt, da sie die Schutzpatronin der Stadt Valencia ist. Dafür ziehen die *Comisiones Falleras* in ihren Trachten zur *Plaza de la Virgen*, um der Heiligen Blumen zu bringen. Die Blumen werden in einen beeindruckenden fünfzehn Meter hohen Wandteppich gesteckt, der schließlich den Umhang der Heiligen bildet. Diese Tradition beginnt um sechzehn Uhr und dauert an bis spät in die Nacht des nächsten Tages. Es ist sehr empfehlenswert, sich dieses Spektakel anzusehen, da es ein Erlebnis für Augen und Nase ist.

Außerdem finden vom fünfzehnten bis zum neunzehnten März spezielle Feuerwerke in der Nacht statt. In diesen sogenannten *Nit del Foc*, Nächten des Feuers, wird jeweils um null Uhr ein buntes Feuerwerk auf dem *Paseo de la Alameda* gezündet.

Den Höhepunkt und Abschluss erreichen die *Fallas* in der Nacht des neunzehnten März, wenn die *Cremà* stattfindet. Denn in dieser Nacht werden die

Fallas angezündet und in den Stadtvierteln verbrannt. Diese Feuer inmitten der Stadt sind ein beeindruckendes Spektakel und es ist ein Akt der Kunst zu sehen, wie die bunten Figuren durch Feuer zu Asche werden. Ab zweiundzwanzig Uhr werden die *Fallas* der Kinder angezündet, ab Mitternacht auch die *Fallas* der Erwachsenen. Eine Ausnahme bildet die *Falla*, die den ersten Preis gewinnt. Denn sie wird nicht verbrannt, sondern im *Falla*-Museum ausgestellt, das ganzjährig geöffnet ist.

Gran Fira de Valencia

Im Juli findet ein großes traditionelles Volksfest in Valencia statt, die *Gran Fira de Valencia*. Deshalb ist der komplette Monat geprägt von zahlreichen Veranstaltungen. Den ganzen Juli über ist die Stadt erfüllt von Musik, Farben und zahlreichen Spektakeln wie Freilichtkonzerten voller Rhythmen und Farben und Feuerwerken mit dem Meer im Hintergrund. Zusätzlich finden auch kulturelle Veranstaltungen statt, zum Beispiel eine Nacht der offenen Museen, eine riesige Fiesta mit Pop-, Rock- und Jazzmusik sowie das einzigartige Spektakel des *Batalla de Flores*, der traditionellen Blumenschlacht Valencias. Auf diese Weise vermischen sich im Juli die Düfte nach

Blumen mit dem Geruch von Schießpulver und die Klänge von Musik mit ohrenbetäubenden Schießpulverexplosionen.

Die Freilichtkonzerte Valencias sind auch für Besucher sehr empfehlenswert, denn sie finden in der wundervollen Kulisse der *Jardines de Viveros*, einer großen Parkanlage, statt. Die musikalische Gestaltung bieten nationale sowie internationale Künstler.

Die *Gran Fira de Valencia* hat ihren Ursprung am einundzwanzigsten Juli 1871, als zum ersten Mal in Valencia ein Straßenumzug stattfand, der gesäumt wurde von Verkaufsständen, Festzelten und Pflanzenausstellungen am Straßenrand. Dieser Umzug entwickelte sich zur Tradition, dass die *Valencianos* im Juli ihre Ernte unter großem Aufsehen und begleitet von Musik und Tanz in die Stadt bringen und sie in den Festzelten präsentieren.

Die *Batalla de Flores,* die Blumenschlacht, hat ihren Ursprung etwas später, im Jahr 1891. Seitdem findet sie traditionell am letzten Sonntag des Julis statt. Der Kampf findet dabei zwischen jungen Frauen, die auf Blumenwagen durch die Stadt fahren, und dem Publikum auf der Straße statt, die sich gegenseitig mit Blumen bewerfen. Der wundervolle Blumenduft erfüllt an diesem Tag die ganze Stadt.

Ein weiteres Highlight ist die Feier *Moros y Cristianos,* die in den Stadtvierteln *El Cabañal* und *La Malvarrosa* am Meer stattfindet. Dabei wird an die Eroberung Spaniens durch die Mauren und den darauffolgenden langjährigen Kampf zwischen den Christen und Mauren erinnert. Deshalb wird die Ankunft der Mauren an der Strandpromenade nachgestellt und mit einem Umzug durch die Viertel beendet.

Zusätzlich zu dem Volksfest findet zeitgleich in der ersten Julihälfte in Valencia auch das Jazz-Festival statt. Zu diesem Anlass gibt es Konzerte im *Palau de la Música* und Jam- Sessions in der ganzen Stadt. In der zweiten Julihälfte finden in der Stierkampfarena *Feria de San Jaime* hochwertige Stierkämpfe statt, ganz nach dem Geschmack der *Valencianos.*

Corpus (Fronleichnam)
Das christliche Fest Fronleichnam ist sehr sehenswert in Valencia. Der Ursprung dieser Tradition liegt viel weiter zurück als der des Volksfestes und wird auf das Jahr 1263 datiert. Kirchengeschichtlich betrachtet war das Fest, das sechzig Tage nach Ostern

stattfindet, einst das größte Fest der Stadt. Heute wird diese christliche Tradition von anderen Veranstaltungen überboten, jedoch ist sie weiterhin ein Zeichen für das fröhliche Miteinander und den christlichen Geist in Valencia. Das liegt auch daran, dass die historische Prozession durch das Engagement einiger Bewohner wieder aufgelebt ist und heute ihrer altertümlichen Version in nichts nachsteht.

So beginnt die Prozession an Fronleichnam in Valencia bereits um zehn Uhr morgens. Sie wird *Cabalgata del Convite* genannt. Die wichtigste Figur dieses Umzugs ist der Kaplan, der den Namen *Capellà de les Roques* trägt. Er repräsentiert die Kirche und trägt die Aufgabe, von seinem Pferd aus, die Leute zum Ehren Fronleichnams aufzurufen. Begleitet wird er von vielen kleine Gruppen, die zu traditioneller Musik allegorische Tänze aufführen. Das bekannteste Beispiel ist die Gruppe *La Moma i els Momos*. Dabei kämpft die *Moma*, ein als Frau verkleideter Mann in weißen Gewändern, gegen die *Momos,* die sieben Todsünden, die mit schwarzen Masken, gelben Gewändern und Hüten, die Drachen darstellen, bekleidet sind. Ein anderes Beispiel ist eine

Gruppe, die einen gemeinsamen Tanz von Riesen und Zwergen aufführt, der darstellen soll, dass sowohl das Große als auch das Kleine auf der Erde den Herrn verehren.

Des Weiteren findet während dieser Prozession auch *La Poalà* statt. Dabei werden die Organisatoren des Festes während des Umzugs von den Balkonen aus mit Eimern voller Wasser übergossen. Sie wehren sich mit Gegenangriffen, sodass auch Zuschauer nass werden können.

Im weiteren Verlauf des Tages finden weitere Prozessionen statt. So fahren um 16:30 Uhr die *Rocas*, prachtvoll geschmückte Wagen, die von Pferden gezogen werden, durch die Stadt. Sie stellen Wundergeschichten aus der Bibel dar und stammen aus dem 14. Jahrhundert.

Schließlich endet der Tag mit einer letzten feierlichen Prozession um neunzehn Uhr.

Gran Volksfest de Valencia

Der neunte Oktober ist eines der Highlights in Valencia. Denn dieser Feiertag ist der Tag der autonomen Region Valencia. Hintergrund ist das Gedenken an den Einzug des spanischen Königs im Jahr 1238 in Valencia, mit welchem die Herrschaft der

Muselmanen beendet wurde. Zu diesem Anlass findet eine Prozession durch die Stadt statt, bei welcher die Flagge Valencias vom Rathaus zur Statue des damals eingezogenen Königs Jakob gebracht wird. Unter der Statue findet anschließend eine Blumengabe statt, die von der valencianischen Hymne begleitet wird. Am Ende des Tages wird die Flagge wieder zurück zum Rathaus gebracht. Zusätzlich finden parallel auch Veranstaltungen verschiedener Gruppen statt, darunter zum Beispiel Volkstänze, traditionelle Musik und Umzüge der *Moros y Cristianos*, der Mauren und Christen.

Außerdem wird in Valencia am gleichen Tag der Heilige Dionysius gefeiert, wodurch es auch der Tag der Verliebten ist. Zu diesem Anlass verschenken die valencianischen Männer *Mocadorà*, das ist ein Tuch, das mit Süßigkeiten aus Marzipan gefüllt wird und durch einen Ring oder Knoten zu einem Bündel verschlossen wird, an die Frauen. Die Marzipan-Süßigkeiten werden liebevoll von Konditoren als Figuren geformt und so speziell für diesen Tag verkauft.

Wer an diesem Tag der autonomen Region Valencia teilnehmen möchte, kann bereits am achten Oktober ein buntes Programm genießen. Denn ab zehn Uhr morgens wird die Flagge Valencias, die *Moros y Cristianos*, im Rathaus ausgestellt. Außerdem findet um neunzehn Uhr auf der *Plaza del Ayuntamiento* eine Aufführung von traditionellen Liedern und Tänzen, wie dem *Dansá Popular*, dem valencianischen Volkstanz, statt. Zusätzlich kann man um 19:30 Uhr im *Palau de la Música* einem Konzert des valencianischen Orchesters lauschen. Schließlich endet der Tag um vierundzwanzig Uhr im *Jardín del Turia* mit einem Feuerwerk, wie es typisch für Valencia ist.

Am darauffolgenden Tag, dem neunten Oktober, beginnt um zwölf Uhr die bereits erwähnte Prozession durch die Stadt, inklusive der Blumengabe. Auch sie endet mit einem Feuerwerk, das allerdings eher ein Spektakel aus Knallkörpern ist. Auch der oben genannte Einzug der Christen und Mauren wird inzwischen offiziell für siebzehn Uhr angekündigt. Er bildet einen eindrucksvollen Abschluss des valencianischen Feiertags.

Semana Santa (Karwoche)

Die Karwoche ist, wie in ganz Spanien, eine besondere Zeit in Valencia. Wie bereits aus den oben beschriebenen Veranstaltungen ersichtlich wird, ist es für die *Valencianos* typisch, dass sie zu den verschiedensten Anlässen Prozessionen und Feuerwerke organisieren. Dies trifft auch auf die *Semana Santa* zu. Jedoch ist es ein einmaliges Erlebnis, Ostern in Valencia zu feiern. Denn obwohl auch hier natürlich der Passion Christi gedacht wird, steht in Valencia das Meer im Vordergrund. So bekommt die Karwoche einen maritimen Charakter, der durch köstliche (Fisch-)Gerichte und die ersten Sonnenstrahlen des Frühlings untermalt wird. Hintergrund ist, dass es in der autonomen Region Valencia ursprünglich viele kleine Fischerdörfer gab, die zum Teil bis heute existieren. Für sie war verständlicherweise das Meer schon immer der wichtigste Bezugspunkt, denn es war die Quelle ihres Lebens, gleichzeitig aber auch der Ursprung vieler Tode. Aus diesem Grund versammeln sich die Menschen in der Osterzeit am Meer und gedenken all derjenigen, die ihr Leben auf dem Meer verloren haben, sprechen Gebete und werfen Blumen und Kränze ins Wasser, um auf diese Weise um Frieden zu bitten. Ein Ort, um diese Tradition zu bestaunen, ist zum Beispiel die *Playa de la Malvarrosa*, an welchem man ehrfürchtig eine Prozession beobachten kann, bei welcher die

Einheimischen eine große Christusstatue zum Meer bringen.

Neben dem starken Bezug zum Meer sind für die *Valencianos* auch die Heiligen und der biblische Hintergrund ein wichtiger Aspekt in der *Semana Santa*. Aus diesem Grund stellen viele Menschen Statuen von Heiligen in ihre Häuser. Außerdem werden Szenen aus der Passion Christi während der Prozessionen nachgestellt. Deshalb gibt es diverse Teilnehmer: Zum einen tragen die sogenannten Büßer große Kapuzen, gehen in Zweierreihen nebeneinander her und halten große Kerzen in den Händen. Zum anderen nehmen auch biblische Figuren wie Maria Magdalena oder Lazarus, Soldaten, Römer, Fischer und viele mehr an der Prozession teil. Diese bildhaften Kostümierungen können jedoch auch paradox wirken, beispielsweise wenn die Teilnehmer anschließend voll kostümiert und lachend in die Bars gehen oder eine Paella genießen. Die *Semana Santa* ist demnach durch und durch ein Spektakel!

Auch kulinarisch bietet sie neben der Paella spezielle Köstlichkeiten, wie zum Beispiel die *mona de pascua*. Das ist ein Kuchen, in dessen Mitte sich entweder ein Schokoladenei oder ein hart gekochtes Ei

befindet. Ein weiteres Beispiel ist ein anderer Kuchen, der *panquemao*, der aus Biskuit besteht und
dessen Kruste leicht verbrannt gegessen wird.

Insgesamt ist der Ablauf des Programms in der
Karwoche genau definiert. Den Anfang bildet der
Palmsonntag, dessen zweistündige Prozession inklusive Palmsegnung Jesu Einzug nach Jerusalem
nachstellen soll. Das nächste Spektakel bietet sich
am Gründonnerstag, an welchem ab zwanzig Uhr bis
in die frühen Morgenstunden ein Fackelumzug
durch die Stadt stattfindet. Die Prozession zu den
heiligen Gedenkstätten wird untermalt von Trom-
meln, wodurch eine eindrucksvolle Atmosphäre ent-
steht. Im Anschluss daran wird die Stadt erfüllt vom
Schein zahlreicher Kerzen, die in stillen Umzügen
durch die Straßen getragen werden.

Der bedeutendste Tag der *Semana Santa* ist jedoch der Karfreitag, dessen Prozession an die Kreu-
zigung Christi erinnern soll. Sie beginnt um 18:30
Uhr und ist mit einer Dauer von über fünf Stunden
wirklich sehr lang. Jedoch vergeht die Zeit auch als
Zuschauer sehr schnell, weil erneut die Teilnehmer
kostümiert sind und einzelne Szenen der Bibelge-
schichte beim Zug durch die Hafenviertel

nachstellen. Direkt im Anschluss an die Karfreitags-
prozession beginnt die Feier der Auferstehung Jesu
mit viel Lärm. Dazu nutzen die *Valencianos* zum einen von der Stadt gezündete Feuerwerkskörper,
zum anderen werfen die Einheimischen Töpfe und
altes Geschirr auf die Straße, sodass die Akustik in
der gesamten Stadt verstärkt wird. Der Sinn dahin-
ter ist die Auferstehung, die für einen Neuanfang
steht. Vorher muss jedoch das Alte zerstört werden.

Den Abschluss bildet schließlich die Prozession
am Ostersonntag, die um dreizehn Uhr beginnt und
der Auferstehung mit einem farbenfrohen Umzug
gedenkt. Dazu werfen sowohl die Teilnehmer der
Prozession als auch die Zuschauer mit Blumen und
verwandeln Valencia so in eine fröhliche und warme
Umgebung – absolut sehenswert!

Geheimtipp: Konzerte lateinamerikanischer Bands in Clubs

Valencia ist ein absoluter Geheimtipp für alle Euro-
päer, die spanischsprachige Musik lieben. Denn viele
lateinamerikanische Bands sind in Europa oft noch
unbekannt, während sie in Lateinamerika bereits
riesige Erfolge verzeichnen können. Dennoch bietet

sich europäischen Fans manchmal die Gelegenheit, ihre Lieblingsband live sehen zu können. Denn in Valencia finden immer wieder, klein und unauffällig, Konzerte lateinamerikanischer Bands in kleinen Clubs statt. So kann man beispielsweise gemeinsam mit nur 500 anderen Menschen ein Konzert genießen, das in Lateinamerika mehrere Tausend Menschen besuchen. Es lohnt sich, die Augen im Netz offen zu halten!

Geheimtipps

NATURPARK LA ALBUFERA

Ein weiterer Geheimtipp in der Umgebung von Valencia ist der Naturpark *La Albufera*. Er ist absolut sehenswert, denn er bietet natürliche Strände, traumhafte Natur, Entspannung und Erkundungen per Bootsfahrt. Dabei liegt er nur etwa zehn Kilometer südlich von Valencia. Der Naturpark bildet den Ursprung der Paella, denn auf den zahlreichen Reisfeldern wird der lokale Reis angebaut, der für die *Paella valenciana* verwendet wird. Man kann diese Geschichte entlang einer der sechs Wanderrouten des Nationalparks entdecken und dabei neben Ruhe und Erholung auch eine einzigartige Flora und Fauna finden.

Ein Besuch ist sehr empfehlenswert, auch weil man den Naturpark ganz einfach mit einer der Buslinien Valencias erreichen kann. Die Fahrt dauert etwas unter einer Stunde und kostet nicht einmal zwei Euro. Außerdem kann man zwischen verschiedenen Ausstiegen wählen und zum Beispiel direkt eine Bootstour beginnen und so den Naturpark erkunden. Eine andere Möglichkeit ist es, eine komplette Rundfahrt mit einem Touristenbus direkt von Valencia aus zu buchen. Dabei ist man mit einer Reisegruppe unterwegs, erhält viele spannende Informationen und es ist sogar eine Bootsfahrt inklusive.

Ein weiteres Highlight neben den Reisfeldern sind die Strände des Naturparks *La Albufera*. Denn mitten im Park findet man den Strand *El Saler*, der 2,5 Kilometer lang ist und sich durch feinen weißen Sand, malerische Dünen und weitläufige Pinienwälder auszeichnet. Südlich grenzt er an den sehenswerten Strand *La Garrofera*, nördlich Richtung Stadt an den beliebten Strand *L´Arbre del Gos*.

TARRAGONA

Ein echter Geheimtipp für die Umgebung Valencias ist die Stadt Tarragona. Mit ihrer Lage zwischen Valencia und Barcelona ist es für einen Tagesausflug zu weit, doch wer mit dem Auto oder Zug anreist, oder einen Flug bis Barcelona bucht, für den ist ein Zwischenstopp in Tarragona auf jeden Fall empfehlenswert. Mit etwa 130.000 Einwohnern ist die Stadt relativ überschaubar, hat aber viel zu bieten.

So ist die gesamte Innenstadt von der *Rambla*, einer Art Park, durchzogen, von dem aus man viele Cafés, Restaurants und Läden erreicht. An dessen Ende angelangt, hat man eine wundervolle Aussicht auf den Strand und den Hafen. Auch die Altstadt ist sehr sehenswert sowie einige römische Bauten, die bis heute erhalten sind. Dazu zählen das Amphitheater, die Brücke *Pont del Diable* und die Überreste einer römischen Wagenrennbahn.

Außerdem ist das Stadtfest Tarragonas ein absolutes Spektakel. Es findet in der Woche des dreiundzwanzigsten Septembers statt und ist geprägt von Umzügen voller Kostüme, Musik und Feuerwerk, Theaterstücken, Festessen und den weltberühmten *Castells*, den Menschentürmen. Diese kann man auch unabhängig vom Stadtfest von Mitte Juni bis Mitte Oktober in Tarragona bestaunen. Auf der offiziellen Homepage wird jedes Jahr ein Programm veröffentlicht, in dem man alle Tage findet, an denen man die Menschentürme bestaunen kann.

„VALENCIA, HAT KEIN ENDE!"

So lautet die Überschrift auf der offiziellen Homepage (https://www.visitvalencia.com/de) Valencias. Dem kann man nur zustimmen, denn Valencia hat kein Ende! Egal ob Flanieren über die Promenade, Schlemmen in den kleinen Restaurants, Baden im Meer oder Genießen von Kunst und Kultur – Valencia hat für jeden Geschmack etwas zu bieten. Niemals hat man sich an den diversen Eindrücken sattgesehen! Zudem ist die Stadt einzigartig durch ihre faszinierende Mischung des alten Charmes der *Ciutat Vella* und der futuristischen Architektur der *Ciutat de les Arts i les Ciències*. Nirgends sonst kommt man dem Ursprung der *Paella valenciana* so nah und kann gleichzeitig den Charme und Humor der *Valencianos* bei angenehmem mediterranem Klima genießen. Auch die Traditionen Valencias sind einzigartig und unvergesslich. Spätestens, wenn die *Fallas* vor Ihren Augen mitten in den Stadtvierteln brennen, wird auch in Ihnen ein Feuer für diese wundervolle, endlose Stadt entfacht werden. Lassen Sie sich begeistern!

Packliste

Geld & Finanzen

O (evtl.) Auslandswährung
O Bargeld
O Bauchtasche
O Brustbeutel
O Bauchtasche
O EC-Karte
O Kreditkarte
O Notfall-Telefonnummern der Banken
O Portmonee

Hygiene

O Haarbürste / Kamm
O Deo (klein)
O Shampoo
O Kulturtasche
O Sonnencreme
O Taschentücher

O Reise-Zahnbürste und Zahnpasta
O Verhütungsmittel

Kleidung

O Badeklamotten
O Gürtel
O Hosen kurz / lang
O Mütze / Cap / Hut
O Pullover
O Regenjacke
O Schlafanzug
O Socken
O Sonnenbrille
O Sportklamotten / Jogginghose
O T-Shirts
O Unterwäsche

Medikamente

O Blasenpflaster
O Anti-Durchfalltabletten
O Erste-Hilfe-Set

O Fiebertabletten

O Fiebertabletten

O Mückenschutz

O sonstige Medikamente

O Pflaster

O Kopfschmerztabletten

Unterlagen & Papiere

O ADAC Unterlagen

O Adresslisten für Postkarten

O Krankversicherungsnachweis

O Stadtplan

O Führerschein

O Unterlagen für die Unterkunft

O Wasserdichte Hülle für Reiseunterla-
gen

O Impfausweis

O Mietwagenunterlagen

O Personalausweis

O Reisepass

O Reisetagebuch

O evtl. Studentenausweis

O evtl. Visum
O Zug- / Bahn- / Flugticket

Taschen & Rucksäcke

O Koffer / Trolley / Reisetasche
O Regenhülle für Rucksack
O Rucksack

Schuhe

O Badeschlappen / Hausschuhe
O Schuhe und Wechselschuhe

Sonstiges

O Brille / Kontaktlinsen und Etui
O Buch zum Lesen
O Ohrenstöpsel und Schlafmaske
O Regenschirm
O Reisedecke
O Wasserflasche
O Wörterbuch

Elektronik

O Digitalkamera
O Handy
O Ladekabel
O Kopfhörer
O evtl. Steckdosenadapter
O Power-Bank

Herstellung und Verlag:

BoD – Books on Demand, Norderstedt

ISBN: 9783750470231

Kontakt: Psiana eCom UG/ Berumer Str. 44/ 26844 Jemgum

Covergestaltung: Fenna Larsson

Coverfoto: depositphotos.com